Cornelia Haas · Ulrich Renz

Mi sueño más bonito

Il mio più bel sogno

Libro infantil bilingüe

con audiolibro y vídeo online

Traducción:

Raquel Catala (español)

Clara Galeati (italiano)

Audiolibro y vídeo:

www.sefa-bilingual.com/bonus

Acceso gratuito con la contraseña:

español: **BDES1428**

italiano: **BDIT1829**

Lulu no puede dormir. Todos los demás ya están soñando – el tiburón, el elefante, el ratoncito, el dragón, el canguro, el caballero, el mono, el piloto. Y el pequeño leoncito. Al osito también se le cierran casi los ojos …

Oye osito, ¿me llevas contigo a tu sueño?

Lulù non riesce ad addormentarsi. Tutti gli altri stanno già sognando – lo squalo, l'elefante, il topolino, il drago, il canguro, il cavaliere, la scimmia, il pilota. E il leoncino. Anche all'orso stanno crollando gli occhi …

Ehi orso, mi porti con te nel tuo sogno?

Y así está Lulu en el país de los sueños de los osos. El osito está pescando en el lago de Tagayumi. Y Lulu se pregunta, ¿quién vivirá arriba en los árboles?

Al terminar el sueño, Lulu quiere descubrir aún más cosas. ¡Ven conmigo, vamos a visitar al tiburón! ¿Qué estará soñando?

E così Lulù è già nel paese dei sogni degli orsi. L'orso cattura pesci nel lago Tagayumi. E Lulù si chiede chi potrebbe mai vivere là su quegli alberi?
Quando il sogno è finito, Lulù vuole provare qualcos'altro. Vieni, andiamo a trovare lo squalo! Che cosa starà sognando?

El tiburón está jugando a perseguir a los peces. ¡Por fin tiene amigos!
Nadie tiene miedo de sus dientes puntiagudos.

Al terminar el sueño, Lulu quiere descubrir aún más cosas. ¡Venid con
nosotros, vamos a visitar al elefante! ¿Qué estará soñando?

Lo squalo sta giocando ad acchiapparella con i pesci. Finalmente ha degli amici! Nessuno ha paura dei suoi denti aguzzi.

Quando il sogno è finito, Lulù vuole provare qualcos'altro. Venite, andiamo a trovare l'elefante! Che cosa starà sognando?

El elefante es tan ligero como una pluma y ¡puede volar! Está a punto de aterrizar en la pradera celestial.

Al terminar el sueño, Lulu quiere descubrir aún más cosas. ¡Venid con nosotros, vamos a visitar al ratoncito! ¿Qué estará soñando?

L'elefante è leggero come una piuma e può volare! Sta per atterrare sul prato celeste.

Quando il sogno è finito, Lulù vuole provare qualcos'altro. Venite, andiamo a trovare il topolino! Che cosa starà sognando?

El ratoncito está mirando la feria. Lo que más le gusta es la montaña rusa. Al terminar el sueño, Lulu quiere descubrir aún más cosas. ¡Venid con nosotros, vamos a visitar al dragón! ¿Qué estará soñando?

Il topolino sta guardando la fiera. Gli piacciono particolarmente le montagne russe.

Quando il sogno è finito, Lulù vuole provare qualcos'altro. Venite, andiamo a trovare il drago! Che cosa starà sognando?

El dragón tiene sed de tanto escupir fuego. Le gustaría beberse todo el lago de limonada.

Al terminar el sueño, Lulu quiere descubrir aún más cosas. ¡Venid con nosotros, vamos a visitar al canguro! ¿Qué estará soñando?

Il drago, a furia di sputare fuoco, ha sete. Gli piacerebbe bersi l'intero lago di limonata.

Quando il sogno è finito, Lulù vuole provare qualcos'altro. Venite, andiamo a trovare il canguro! Che cosa starà sognando?

El canguro salta por la fábrica de dulces y llena toda su bolsa. ¡Más de los caramelos azules! ¡Y más piruletas! ¡Y chocolate!

Al terminar el sueño, Lulu quiere descubrir aún más cosas. ¡Venid con nosotros, vamos a visitar al caballero! ¿Qué estará soñando?

Il canguro sta saltando nella fabbrica di dolciumi e si riempe il marsupio.

Ancora caramelle blu! E ancora lecca-lecca! E cioccolata!

Quando il sogno è finito, Lulù vuole provare qualcos'altro. Venite, andiamo a trovare il cavaliere! Che cosa starà sognando?

El caballero está teniendo una pelea de pasteles con la princesa de sus sueños. ¡Oh, no! ¡El pastel de crema ha ido en la dirección equivocada! Al terminar el sueño, Lulu quiere descubrir aún más cosas. ¡Venid con nosotros, vamos a visitar al mono! ¿Qué estará soñando?

Il cavaliere sta facendo una battaglia di torte con la principessa dei suoi sogni. Oh! La torta alla panna va nella direzione sbagliata!

Quando il sogno è finito, Lulù vuole provare qualcos'altro. Venite, andiamo a trovare la scimmia! Che cosa starà sognando?

¡Por fin ha nevado en el país de los monos! Toda la banda de monos se ha vuelto loca y está haciendo tonterías.

Al terminar el sueño, Lulu quiere descubrir aún más cosas. ¡Venid con nosotros, vamos a visitar al piloto! ¿En qué sueño habrá aterrizado?

Finalmente ha nevicato in Scimmialandia! L'intera combriccola di scimmie
non sta più nella pelle e si comportano tutte come in una gabbia di matti.
Quando il sogno è finito, Lulù vuole provare qualcos'altro. Venite, andiamo
a trovare il pilota! In che sogno potrebbe essere atterrato?

El piloto vuela y vuela. Hasta el fin del mundo y aún más allá, hasta las
estrellas. Esto no lo ha conseguido ningún otro piloto.

Al terminar el sueño, están ya todos muy cansados y no desean descubrir
mucho más. Pero aún quieren visitar al pequeño leoncito. ¿Qué estará
soñando?

Il pilota vola e vola ancora. Fino ai confini della terra e ancora più lontano, fino alle stelle. Non ce l'ha fatta nessun altro pilota.

Quando il sogno è finito, sono già tutti molto stanchi e non vogliono più continuare a provare così tanto. Però il leoncino, vogliono ancora andare a trovarlo. Che cosa starà sognando?

El pequeño leoncito tiene nostalgia y quiere volver a su cálida y acogedora
cama.
Y los demás también.

Y ahí empieza ...

Il leoncino ha nostalgia di casa e vuole tornare nel caldo, accogliente letto.
E gli altri pure.

E là inizia ...

... el sueño más bonito
de Lulu.

... il più bel sogno
di Lulù.

Los autores

Cornelia Haas nació en 1972 cerca de Augsburg, Alemania. Después de su formación como fabricante de cárteles publicitarios, estudió diseño en la escuela técnica superior en Münster y allí se graduó como diseñadora. Desde 2001 ha ilustrado libros infantiles y juveniles, desde 2013 enseña como profesora de pintura acrílica y digital en la escuela técnica superior de Münster.

Ulrich Renz nació en 1960 en Stuttgart (Alemania). Después de estudiar literatura francesa en París, se graduó en la facultad de medicina de Lübeck y trabajó como director de una editorial científica. Hoy en día trabaja como publicista autónomo y, además de escribir libros de divulgación científica, escribe cuentos y libros infantiles.

¿Te gusta pintar?

Aquí encontrarás las ilustraciones de la historia para colorear:

www.sefa-bilingual.com/coloring

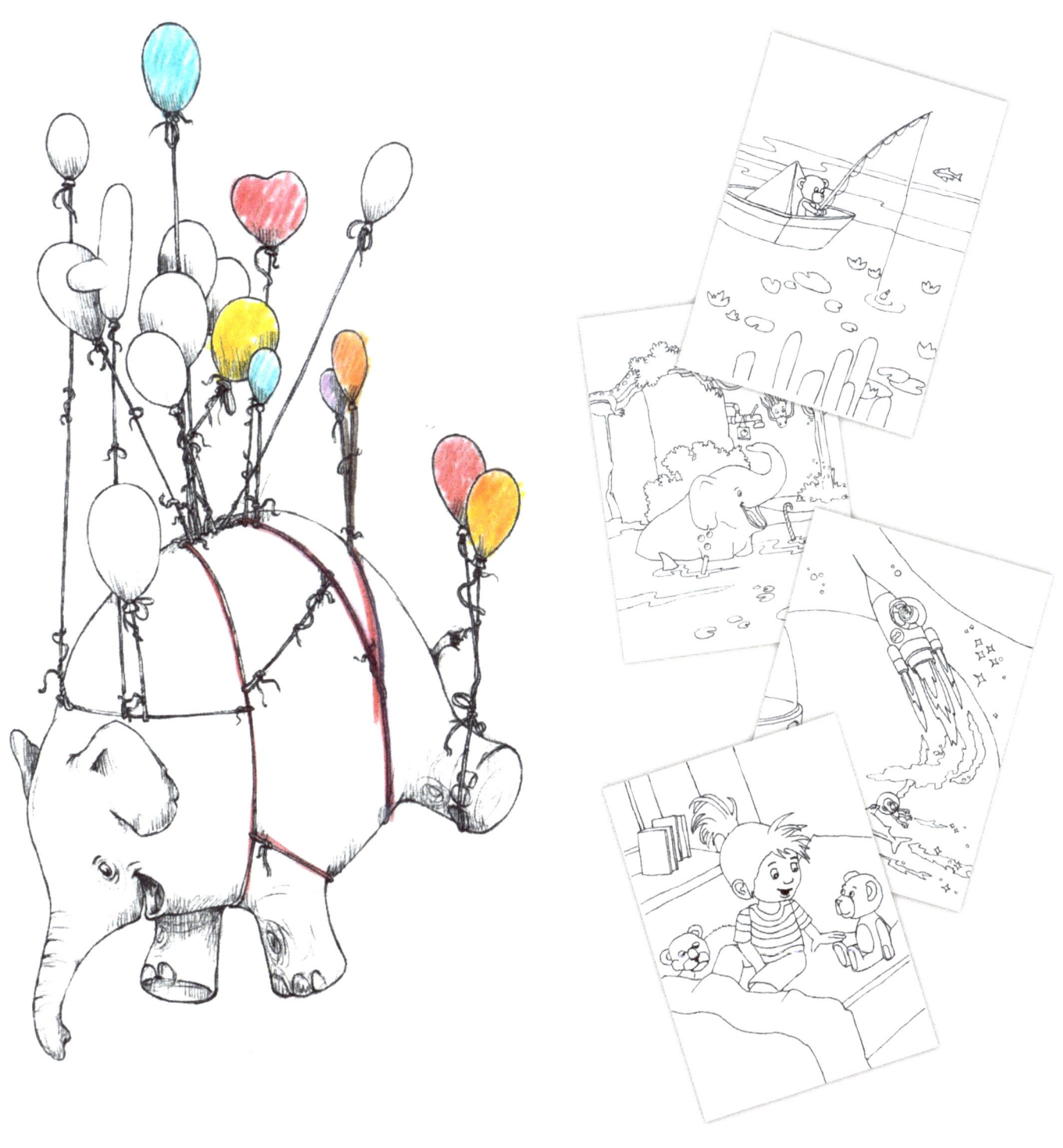

Que duermas bien,
pequeño lobo

Edad recomendada: a
partir de 2 años

con audiolibro y vídeo
online

Tim no puede dormir. ¡Su lobo pequeño no está! ¿Quizás lo olvidó afuera?
Solo se encamina a la noche – y recibe inesperadamente compañía...

¿Disponible en tus idiomas?

► Consulta nuestro „Asistente de idiomas" :

www.sefa-bilingual.com/languages

Los cisnes salvajes

Basado en un cuento de hadas de Hans Christian Andersen

Edad recomendada: a partir de 4-5 años

„Los cisnes salvajes» de Hans Christian Andersen de buena razón es uno de los cuentos más leídos del mundo. De forma atemporal enfoca temas del drama humano: miedo, valentía, amor, traición, separación y reencuentro.

¿Disponible en tus idiomas?

► Consulta nuestro „Asistente de idiomas" :

www.sefa-bilingual.com/languages

© 2024 by Sefa Verlag Kirsten Bödeker, Lübeck, Germany

www.sefa-verlag.de

Special thanks for his IT support to our son, Paul Bödeker, Freiburg, Germany

ISBN: 9783739960692

www.ingramcontent.com/pod-product-compliance
Lightning Source LLC
Chambersburg PA
CBHW041442120626
46547CB00002B/310